60 RECETTES · plaisir · À L'EXTRACTEUR DE JUS

LAROUSSE
21, rue du Montparnasse - 75283 Paris Cedex 06

Sommaire

Des jus santé toute l'année ! 5

Jus de printemps-été

Jus de fraises au thé matcha 6
Milkshake de framboises et banane 8
Jus d'orange, mangue et papaye 9
Jus de cerises, betterave et citron vert 10
Jus de fraises, canneberges, framboises et basilic 12
Soda aux groseilles et pommes 14
Jus de pêche, melon et fraises 15
Jus de rhubarbe, orange et basilic 16
Cocktail de fruits rouges au thé vert 18
Jus de melon, concombre, gingembre et thé vert 20
Jus de pastèque et myrtilles 21
Jus d'abricots et Passion 22
Jus printanier de petits pois, fenouil et menthe 24
Lait de mûres poivré 26
Jus de myrtilles et eau de coco 27
Jus de tomates et carottes 28
Jus de poire, concombre et kale au piment 30
Jus de tomates, carottes et poivron au raifort 31
Lait d'amande aux framboises 32
Jus d'asperges et Granny Smith 34
Jus de courgettes, laitue, ail et persil 35
Jus de betterave, grenade, citron et persil 36
Nectar d'avocat et kiwi 38
Jus de roquette, petits pois et céleri 40
Soda de petits pois, courgette et coriandre 41
Jus de carottes, fenouils et persil 42
Jus de raisin, gingembre et vanille 44
Jus de figues et raisin 45

Jus d'automne-hiver

Jus de pommes, canneberges et gingembre 46
Jus vert à l'ananas 48
Jus de kiwis, citron et thé vert 50
Jus de grenade, pamplemousse et thé vert 51
Jus de papaye, carottes et orange 52
Soda mangue, kiwi et poire 54
Jus de Granny Smith et laitue 55
Jus d'oranges, betterave, carottes et gingembre 56
Jus de carottes et gingembre 58
Jus de papaye, carottes et betterave 60
Jus d'ananas, cresson, concombre et gingembre 61
Jus d'ananas et vanille 62
Cocktail de mangue, ananas et Passion 64
Jus d'ananas, poire et kale 66
Jus d'agrumes, ananas et menthe 67
Jus de chou blanc, pomme et carotte 68
Jus de chou-fleur, pommes et curcuma 70
Cocktail d'endive, pomme et carottes 72
Jus de poire et patate douce aux quatre-épices 73
Jus vitaminé d'agrumes, pomme et carotte 74
Jus de pommes et radis noir 76
Jus de poire, betterave et bettes 78
Jus de chou romanesco, panais, pomme et carotte 79
Jus de radis roses et betterave 80
Jus de radis noir et betterave 82
Jus de cresson et persil 84
Jus de citrouille et gingembre 85
Jus de radis, chou rouge et pomme 86
Jus de chou rouge, pommes et gingembre 88
Nectar de banane, mangue, ananas et coco 90
Velouté de potimarron aux fruits séchés 91
Lait de noisette 92

Index par ingrédient 94

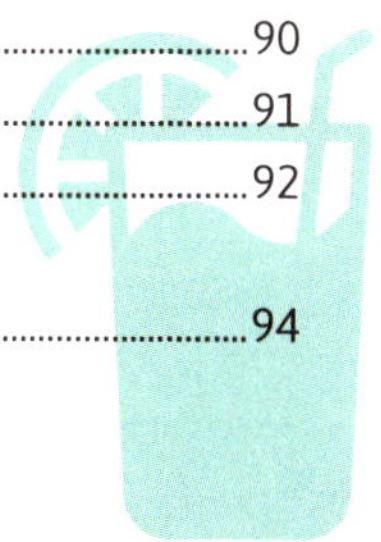

Des jus santé toute l'année !

Et si vous sortiez votre extracteur de votre placard pour tester de nouveaux jus aussi gourmands que vitaminés ? On a tendance à peu y penser, mais les jus, smoothies et autres boissons aux fruits et légumes sont le meilleur moyen pour traverser les saisons en pleine forme !

Riches en énergie et en goût, les boissons réalisées à l'extracteur de jus ont l'avantage de conserver parfaitement les valeurs nutritives des fruits et légumes (et notamment leurs vitamines), grâce à un système d'extraction à froid qui ne chauffe pas les aliments. En consommant régulièrement de ces jus pleins de bonnes choses pour votre corps, vous resterez en forme toute l'année tout en vous faisant plaisir !

Variez les goûts et les plaisirs au quotidien, grâce à 60 recettes classées par saison ! Jus de fruits mais aussi de légumes, milkshakes, sodas... découvrez de nouvelles saveurs aussi surprenantes que délicieuses !

Quelques conseils avant de commencer :

- Optez dès que possible pour des fruits et légumes issus de l'agriculture biologique ou non traités, afin d'obtenir un jus santé à 100 %.
- Coupez les fruits et légumes un peu volumineux en plus petits morceaux, afin de ne pas endommager votre machine.
- Pensez bien à retirer les noyaux quand ils sont gros ! Les pépins ne posent a priori pas problème.
- N'attendez pas trop longtemps avant de rincer votre machine après utilisation. La chair des fruits et légumes à tendance à s'oxyder très vite !

Pour la suite, rien de plus simple: passez les ingrédients les uns après les autres dans votre machine en suivant les plus et vous n'avez plus qu'à déguster ! Vous avez désormais toutes les clefs en main pour réaliser de vrais concentrés de vitamines !

Jus de fraises
au thé matcha

Pour 1 grand verre
Prép. : 5 min

150 g de fraises équeutées

\+

1 orange, pelée en quartiers

\+

1/2 c. à café de matcha en poudre, à ajouter au jus pressé

Milshake de framboises
et banane

Pour 1 grand verre
Prép. : 5 min
Repos : 5 min

1/2 banane pelée, en tronçons

+

1 orange pelée, en quartiers

+

60 g de framboises

+

10 cl de lait d'amande

+

2 c. à café de graines de chia à mettre dans le verre et à laisser reposer 5 min

Jus d'orange,
mangue et papaye

Pour 1 grand verre
Prép. : 5 min

1 orange pelée,
en quartiers

+

1 mangue pelée,
en morceaux

+

70 g de papaye pelée,
en morceaux

Jus de cerises,
betterave et citron vert

Pour 1 grand verre
Prép. : 5 min

1 poignée de cerises équeutées et dénoyautées

+

1/2 betterave crue, pélée en morceaux

+

3 feuilles de menthe

+

1 citron vert en quartiers

Jus de fraises,
canneberges, framboises et basilic

Pour 1 grand verre
Prép. : 5 min

50 g de fraises équeutées

+

50 g de canneberges surgelées et décongelées

+

50 g de framboises

+

5 feuilles de basilic

+

1 orange pelée, en quartiers

Soda aux groseilles
et pommes

Pour 1 grand verre
Prép. : 5 min

1 pomme en morceaux

50 g de groseilles égrainées

Glaçons,
à ajouter dans le verre

10 cl d'eau pétillante,
à ajouter dans le verre

Jus de pêche, melon et fraises

Pour 1 grand verre
Prép. : 5 min

1 pêche en morceaux

1/4 de melon pelé, en morceaux

8 fraises équeutées

3 feuilles de menthe

Jus de rhubarbe,
basilic et orange

2 branches de rhubarbe en tronçons

+

5 feuilles de basilic

+

1 orange pelée, en quartiers

Cocktail de fruits rouges
au thé vert

Pour 1 grand verre
Prép. : 5 min

1/2 c. à café de thé vert, à faire infuser 3 min dans 15 cl d'eau frémissante, filtrer et laisser refroidir

+

50 g de cerises équeutées et dénoyautées

+

50 g de fraises équeutées

+

50 g de framboises

Jus de melon,
concombre, gingembre et thé vert

Pour 1 grand verre
Prép. : 5 min

1 pincée de thé vert,
à faire infuser 10 min
dans 10 cl d'eau chaude,
filtrer et laisser refroidir

1 cm de gingembre pelé

1/2 concombre en tronçons

180 g de melon pelé,
en morceaux

Quelques glaçons,
directement dans le verre

Jus de pastèque
et myrtilles

Pour
1 grand
verre
Prép. : 5 min

1 tranche de pastèque pelée, en morceaux

+

150 g de myrtilles

Jus d'abricots
et Passion

Pour
1 grand
verre
Prép. : 5 min

La pulpe de 1 fruit de la Passion

+

4 abricots denoyautés, en morceaux

Jus printanier
de petits pois, fenouil et menthe

Pour 1 grand verre
Prép. : 5 min

3 gousses de petits pois (y compris les cosses)

+

1/2 bulbe de fenouil en morceaux

+

1 pomme en morceaux

+

3 feuilles de menthe

Lait de mûres
poivré

Pour 1 grand verre
Prép. : 5 min

150 g de mûres

1 pomme en morceaux

10 cl de lait de noisette (voir p. 92)

1 pincée de poivre noir fraîchement moulu

Jus de myrtilles
et eau de coco

Pour 1 grand verre
Prép. : 5 min

100 g de myrtilles

+

12 cl d'eau de coco

Jus de tomates
et carottes

Pour
1 grand
verre
Prép. : 5 min

2 tomates en morceaux

+

2 carottes en tronçons

Jus de poire,
concombre et kale au piment

Pour 1 grand verre
Prép. : 5 min

1 poire en morceaux

+

3 feuilles de kale

+

1/2 piment vert en morceaux

+

1 poivron vert épépiné, en morceaux

+

1 concombre pelé, en tronçons

Jus de tomates, carottes et poivron au raifort

Pour 1 grand verre
Prép. : 5 min

2 tomates en morceaux

+

2 carottes en tronçons

+

1 poivron rouge épépiné, en morceaux

+

1/2 c. à café de raifort râpé (ou 1/4 de c. à café de raifort en poudre).

Lait d'amande
aux framboises

Pour 1 grand verre
Prép. : 5 min
Trempage : 12 h

50 g d'amandes, à laisser tremper 1 nuit dans de l'eau froide, puis à égoutter

+

75 cl d'eau minérale, à passer en même temps que les amandes

+

100 g de framboises

Jus d’asperges
et Granny Smith

Pour 1 grand verre
Prép. : 5 min

4 asperges vertes en tronçons

+

2 pommes Granny Smith
en morceaux

+

1/2 branche de céleri
en tronçons

Jus de courgettes,
laitue, ail et persil

Pour 1 grand verre
Prép. : 5 min

1 cœur de laitue
et 1 poignée de feuilles hachées

+

2 petites courgettes
en tronçons

+

1/2 gousse d'ail

+

2 brins de persil

Jus de betterave
grenade, citron et persil

Pour 1 grand verre
Prép. : 5 min

1 betterave crue pelée, en morceaux

+

Les graines de 1/2 grenade

+

1 citron pelé, en quartiers

+

2 brins de persil

Nectar d'avocat
et kiwi

Pour 1 grand verre
Prép. : 5 min

1 avocat pelé, en morceaux

+

1 kiwi pelé, en morceaux

+

10 cl de lait d'amande

Jus de roquette,
petits pois et céleri

Pour 1 grand verre
Prép. : 5 min

2 poignées de roquette

+

50 g de petits pois écossés

+

1/2 branche de céleri en tronçons

+

1 courgette en tronçons

Soda de petits pois,
courgette et coriandre

Pour 1 grand verre
Prép. : 5 min

100 g de petits pois écossés

+

1 courgette en tronçons

+

2 brins de coriandre

+

25 cl d'eau pétillante

Jus de carottes,
fenouil et persil

Pour
1 grand
verre
Prép. : 5 min

5 carottes en tronçons

+

2 gros bulbes de fenouil
en morceaux

+

1 gros bouquet de persil

Jus de raisin, gingembre et vanille

Pour 1 grand verre
Prép. : 5 min

600 g de raisin blanc

+

2 cm de gingembre pelé

+

1 gousse de vanille

Jus de figues
et raisin

Pour
1 grand
verre
Prép. : 5 min

10 figues fraîches, coupées en 2

+

100 g de raisin noir

Jus de pommes, canneberges et gingembre

Pour 1 grand verre
Prép. : 5 min

2 pommes pelées en quartiers

200 g de canneberges

1 cm de gingembre pelé

Jus vert
à l'ananas

Pour 1 grand verre
Prép. : 5 min

1 tranche d'ananas pelée, en morceaux

+

100 g de brocoli en fleurettes

+

1 concombre pelé, en tronçons

+

50 g d'épinards

+

1 citron pelé, en quartiers

Jus de kiwis,
citron et thé vert

Pour 1 grand verre
Prép. : 5 min

1 pincée de thé vert, à faire infuser dans 10 cl d'eau chaude 10 min, filtrer et laisser refroidir

+

3 kiwis pelés, en morceaux

+

1/2 citron vert pelé, en quartiers

+

1/2 c. à café de sirop d'agave

Jus de grenade,
pamplemousse et thé vert

Pour 1 grand verre
Prép. : 5 min

1 pincée de thé vert, à faire infuser dans 10 cl d'eau chaude 10 min, filtrer et laisser refroidir

+

Les graines de 2 grenades

+

1/2 pamplemousse pelé, en quartiers

+

4 feuilles de menthe

Jus de papaye,
carottes et orange

Pour 1 grand verre
Prép. : 5 min

1/2 papaye pelée, en morceaux

+

2 carottes en tronçons

+

1 orange pelée, en quartiers

Soda de mangue,
kiwi et poire

Pour 1 grand verre
Prép. : 5 min

1/2 mangue pelée, en morceaux

+

1 kiwi pelé, en morceaux

+

1 poire en morceaux

+

1 pincée de quatre-épices

+

25 cl de limonade

Jus de Granny Smith
et laitue

Pour
1 grand
verre
Prép. : 5 min

1 poignée de feuilles de laitue

+

2 pommes Granny Smith,
en quartiers

+

1/2 branche de céleri
en tronçons

+

1 pincée de sel au céleri

Jus d'oranges,
betterave, carottes et gingembre

Pour 1 grand verre
Prép. : 5 min

2 oranges pelées, en quartiers

+

1/2 betterave pelée, en morceaux

+

2 carottes en tronçons

+

1 cm de gingembre pelé

Jus de carottes
et gingembre

Pour 1 grand verre
Prép. : 5 min

3 carottes en tronçons

1 cm de gingembre pelé

Jus de papaye,
carottes et betterave

Pour
1 grand
verre
Prép. : 5 min

150 g de papaye pelée,
en morceaux

+

2 carottes en tronçons

+

1/2 betterave pelée,
en morceaux

+

1/2 orange pelée,
en morceaux

Jus d'ananas,
cresson, concombre et gingembre

Pour 1 grand verre
Prép. : 5 min

150 g d'ananas pelé, en morceaux

+

50 g de cresson

+

1/2 concombre pelé, en tronçons

+

1,5 cm de gingembre pelé

+

1/2 citron vert pelé, en quartiers

+

Quelques glaçons

Jus d’ananas
et vanille

Pour 1 grand verre
Prép. : 5 min

1/4 d’ananas pelé,
en morceaux

Un peu de vanille en poudre,
à saupoudrer

Cocktail exotique
de mangue, ananas et Passion

Pour 1 grand verre
Prép. : 5 min

1/2 mangue pelée, en morceaux

+

1/4 d'ananas pelé, en morceaux

+

La pulpe de 1 fruit de la Passion

Jus d'ananas,
poire et kale

Pour 1 grand verre
Prép. : 5 min

180 g d'ananas pelé, en morceaux

+

1 poire en morceaux

+

100 g de kale

+

1 c. à café de miel liquide

Jus d'agrumes,
ananas et menthe

Pour 1 grand verre
Prép. : 5 min

1 orange sanguine pelée, en quartiers

+

1 pamplemousse pelé, en quartiers

+

120 g d'ananas pelé, en morceaux

+

2 brins de menthe

Jus de chou blanc,
pomme et carotte

Pour 1 grand verre
Prép. : 5 min

100 g de chou blanc en morceaux

+

1 pomme en morceaux

+

1 carotte en tronçons

Jus de chou-fleur,
pommes et curcuma

Pour 1 grand verre
Prép. : 5 min

100 g de fleurettes de chou-fleur

2 pommes en morceaux

1 cm de curcuma râpé

Cocktail d'endive,
pomme et carottes

Pour
1 grand
verre
Prép. : 5 min

6 feuilles d'endive

+

1 pomme en morceaux

+

2 carottes en tronçons

Jus de poire
et patate douce aux quatre-épices

Pour 1 grand verre
Prép. : 5 min

1 poire en quartiers

+

250 g de patate douce lavée et séchée, en morceaux

+

1 pincée de quatre-épices

Jus vitaminé
d'agrumes, pomme et carotte

Pour 1 grand verre
Prép. : 5 min

1 orange pelée, en quartiers

+

1/4 de citron pelé, en morceaux

+

1 pomme en morceaux

+

1 carotte en tronçons

Jus de pommes
et radis noir

Pour 1 grand verre
Prép. : 5 min

1/2 radis noir pelé, en morceaux

+

2 pommes en morceaux

+

1 carotte en tronçons

Jus de poire,
betterave et bettes

Pour 1 grand verre
Prép. : 5 min

1 betterave pelée, en morceaux

+

1 poire en morceaux

+

4 feuilles de bettes en morceaux

+

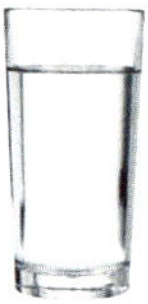

5 cl d'eau

Jus de chou romanesco,
panais, pomme et carotte

Pour 1 grand verre
Prép. : 5 min

3 fleurettes
de chou romanesco

+

1/2 panais en morceaux

+

1 pomme en morceaux

+

1 carotte en tronçons

+

1 pincée de sel au céleri

Jus de radis roses
et betterave

Pour
1 grand
verre
Prép. : 5 min

4 radis roses

1/4 de betterave pelée,
en morceaux

1 orange pelée, en quartiers

2 carottes en tronçons

Jus de radis noir
et betterave

Pour 1 grand verre
Prép. : 5 min

1/2 radis noir pelé, en morceaux

+

1/2 betterave crue pelée, en morceaux

+

1 citron pelé, en quartiers

+

1/2 bulbe de fenouil en morceaux

+

1 pomme en quartiers

Jus
de cresson
et persil

Pour 1 grand verre
Prép. : 5 min

50 g de cresson

1/2 bouquet de persil

1 orange pelée, en quartiers

2 pommes en morceaux

1/2 branche de céleri
en tronçons

Jus de citrouille
et gingembre

Pour 1 grand verre
Prép. : 5 min

300 g de citrouille égrainée, pelée, en morceaux

3 pommes en morceaux

1,5 cm de gingembre pelé, en morceaux

Jus de radis,
chou rouge et pomme

Pour 1 grand verre
Prép. : 5 min

100 g de radis

+

1/2 chou rouge en morceaux

+

1 pomme en morceaux

Jus de chou rouge,
pommes et gingembre

Pour 1 grand verre
Prép. : 5 min

1/4 de chou rouge en morceaux

+

2 pommes en morceaux

+

1 cm de gingembre pelé

Nectar de banane,
mangue, ananas et coco

Pour 1 grand verre
Prép. : 5 min

1 banane pelée, en tronçons

+

1/2 mangue pelée, en morceaux

+

1 tranche d'ananas pelée, en morceaux

+

10 cl de lait de coco

Velouté de potimarron,
aux fruits séchés

Pour 1 grand verre
Prép. : 5 min

100 g de potimarron cuit, en morceaux

+

2 dattes denoyautées

+

1 figue séchée

+

1 grosse carotte en tronçons

+

1/2 banane pelée, en tronçons

Lait
de noisette

Pour
1 l
Prép. : 5 min
Trempage :
12 h

120 g de noisettes à laisser tremper 1 nuit dans de l'eau froide, puis à égoutter

+

1 l d'eau minérale,
à passer en même temps
que les noisettes

Index par ingrédient

Abricot
Jus d'abricots et Passion 22

Ail
Jus de courgettes, laitue, ail et persil 35

Amande
Lait d'amande aux framboises 32

Ananas
Cocktail exotique de mangue, ananas et Passion 64
Jus d'agrumes, ananas et menthe 67
Jus d'ananas et vanille 62
Jus d'ananas, cresson, concombre et gingembre 61
Jus d'ananas, poire et kale 66
Jus vert à l'ananas 48
Nectar de banane, mangue, ananas et coco 90

Asperge
Jus d'asperges et Granny Smith 34

Avocat
Nectar d'avocat et kiwi 38

Banane
Milkshake de framboises, banane, lait d'amande et chia 8
Nectar de banane, mangue, ananas et coco 90
Velouté de potimarron aux fruits séchés 91

Basilic
Jus de fraises, canneberges, framboises et basilic 12
Jus de rhubarbe, orange et basilic 16

Bette
Jus de poire, betterave et bettes 78

Betterave
Jus d'oranges, betterave, carottes et gingembre 56
Jus de betterave, grenade, citron et persil 36
Jus de cerises, betterave et citron vert 10
Jus de papaye, carottes et betterave 60
Jus de poire, betterave et bettes 78
Jus de radis noir et betterave 82
Jus de radis roses et betterave 80

Brocoli
Jus vert à l'ananas 48

Canneberge
Jus de fraises, canneberges, framboises et basilic 12
Jus de pommes, canneberges et gingembre 46

Carotte
Cocktail d'endive, pomme et carottes 72
Jus d'ananas, cresson, concombre et gingembre 61
Jus d'oranges, betterave, carottes et gingembre 56
Jus de carottes et gingembre 58
Jus de carottes, fenouil et persil 42
Jus de chou blanc, pomme et carotte 68
Jus de chou romanesco, panais, pomme et carotte 79
Jus de papaye, carottes et betterave 60
Jus de papaye, carottes et orange 52
Jus de pommes et radis noir 76
Jus de radis roses et betterave 80
Jus de tomates et carottes 28
Jus de tomates, carottes et poivron au raifort 31
Jus vitaminé d'agrumes, pomme et carotte 74
Velouté de potimarron aux fruits séchés 91

Céleri
Jus de cresson et persil 84
Jus de Granny Smith et laitue 56
Jus d'asperges et Granny Smith 34

Cerises
Cocktail de fruits rouges au thé vert 18
Jus de cerises, betterave et citron vert 10

Chou blanc
Jus de chou blanc, pomme et carotte 68

Chou kale
Jus d'ananas, poire et kale 66
Jus de poire, concombre et kale au piment 30

Chou romanesco
Jus de chou romanesco, panais, pomme et carotte 79

Chou rouge
Jus de chou rouge, pommes et gingembre 88
Jus de radis, chou rouge et pomme 86

Chou-fleur
Jus de chou-fleur, pommes et curcuma 70

Citron
Jus de betterave, grenade, citron et persil 36
Jus de kiwis, citron et thé vert 50
Jus de radis noir et betterave 82
Jus vert à l'ananas 48
Jus vitaminé d'agrumes, pomme et carotte 74

Citron vert
Jus d'ananas, cresson, concombre et gingembre 61
Jus de cerises, betterave et citron vert 10
Jus de kiwis, citron et thé vert 50

Citrouille
Jus de citrouille et gingembre 85

Concombre
Jus d'ananas, cresson, concombre et gingembre 61
Jus de melon, concombre, gingembre et thé vert 20
Jus de poire, concombre et kale au piment 30
Jus vert à l'ananas 48

Coriandre
Soda de petits pois, courgette et coriandre 41

Courgette
Jus de courgettes, laitue, ail et persil 35
Jus de roquette, petits pois et céleri 40
Soda de petits pois, courgette et coriandre 41

Cresson
Jus de cresson et persil 84
Jus d'ananas, cresson, concombre et gingembre 61

Curcuma
Jus de chou-fleur, pommes et curcuma 70

Datte
Velouté de potimarron aux fruits séchés 91

Eau de coco
Jus de myrtilles et eau de coco 27

Eau pétillante
Soda de petits pois, courgette et coriandre 41
Soda aux groseilles et pommes 14

Endive
Cocktail d'endive, pomme et carottes 72

Épinards
Jus vert à l'ananas 48

Fenouil
Jus de carottes, fenouil et persil 42
Jus de radis noir et betterave 82
Jus printanier de petits pois, fenouil et menthe 24

Figue
Jus de figues et raisin 45
Velouté de potimarron aux fruits séchés 91

Fraise
Cocktail de fruits rouges au thé vert 18
Jus de fraises au thé matcha 6
Jus de fraises, canneberges, framboises et basilic 12
Jus de pêche, melon et fraises 15

Framboise
Cocktail de fruits rouges au thé vert 18
Jus de fraises, canneberges, framboises et basilic 12
Lait d'amande aux framboises 32
Milkshake de framboises, banane, lait d'amande et chia 8

Fruit de la Passion
Cocktail exotique de mangue, ananas et Passion 64
Jus d'abricots et Passion 22

Gingembre
Jus de citrouille et gingembre 85
Jus d'ananas, cresson, concombre et gingembre 61

Jus d'oranges, betterave, carottes et gingembre ... 56
Jus de carottes et gingembre ... 58
Jus de chou rouge, pommes et gingembre ... 88
Jus de melon, concombre, gingembre et thé vert ... 20
Jus de pommes, canneberges et gingembre ... 46
Jus de raisin, gingembre et vanille ... 44

Graines de chia
Milkshake de framboises, banane, lait d'amande et chia ... 8

Grenade
Jus de betterave, grenade, citron et persil ... 36
Jus de grenade, pamplemousse et thé vert ... 51

Groseille
Soda aux groseilles et pommes ... 14

Kiwi
Jus de kiwis, citron et thé vert ... 50
Nectar d'avocat et kiwi ... 38
Soda de mangue, kiwi et poire ... 54

Lait d'amande
Milkshake de framboises, banane, lait d'amande et chia ... 8
Nectar d'avocat et kiwi ... 38

Lait de coco
Nectar de banane, mangue, ananas et coco ... 90

Lait de noisette
Lait de mûres poivré ... 26

Laitue
Jus de Granny Smith et laitue ... 55
Jus de courgettes, laitue, ail et persil ... 35

Limonade
Soda de mangue, kiwi et poire ... 54

Mangue
Cocktail exotique de mangue, ananas et Passion ... 64
Jus d'orange, mangue et papaye ... 9
Nectar de banane, mangue, ananas et coco ... 90
Soda de mangue, kiwi et poire ... 54

Melon
Jus de melon, concombre, gingembre et thé vert ... 20
Jus de pêche, melon et fraises ... 15

Menthe
Jus d'agrumes, ananas et menthe ... 67
Jus de cerises, betterave et citron vert ... 10
Jus de grenade, pamplemousse et thé vert ... 51
Jus de pêche, melon et fraises ... 15
Jus printanier de petits pois, fenouil et menthe ... 24

Miel
Jus d'ananas, poire et kale ... 66

Mûre
Lait de mûres poivré ... 26

Myrtille
Jus de myrtilles et eau de coco ... 27
Jus de pastèque et myrtilles ... 21

Noisette
Lait de noisette ... 92

Orange
Jus de cresson et persil ... 84
Jus d'agrumes, ananas et menthe ... 67
Jus d'orange, mangue et papaye ... 9
Jus d'oranges, betterave, carottes et gingembre ... 56
Jus de fraises au thé matcha ... 6
Jus de fraises, canneberges, framboises et basilic ... 12
Jus de papaye, carottes et betterave ... 60
Jus de papaye, carottes et orange ... 52
Jus de radis roses et betterave ... 80
Jus de rhubarbe, orange et basilic ... 16
Jus vitaminé d'agrumes, pomme et carotte ... 74
Milkshake de framboises, banane, lait d'amande et chia ... 8

Pamplemousse
Jus d'agrumes, ananas et menthe ... 67
Jus de grenade, pamplemousse et thé vert ... 51

Panais
Jus de chou romanesco, panais, pommet et carotte ... 79

Papaye
Jus d'orange, mangue et papaye ... 9
Jus de papaye, carottes et betterave ... 60
Jus de papaye, carottes et orange ... 52

Pastèque
Jus de pastèque et myrtille ... 21

Patate douce
Jus de poire et patate douce aux quatre-épices ... 73

Pêche
Jus de pêche, melon et fraises ... 15

Persil
Jus de cresson et persil ... 84
Jus de betterave, grenade, citron et persil ... 36
Jus de carottes, fenouil et persil ... 42
Jus de courgettes, laitue, ail et persil ... 35

Petits pois
Jus de roquette, petits pois et céleri ... 40
Jus printanier de petits pois, fenouil et menthe ... 24
Soda de petits pois, courgette et coriandre ... 41

Poire
Jus d'ananas, poire et kale ... 66
Jus de poire et patate douce aux quatre-épices ... 73
Jus de poire, betterave et bettes ... 78
Jus de poire, concombre et kale au piment ... 30
Soda de mangue, kiwi et poire ... 54

Poivron
Jus de poire, concombre et kale au piment ... 30
Jus de tomates, carottes et poivron au raifort ... 31

Pomme
Jus de citrouille et gingembre ... 85
Jus de cresson et persil ... 84
Jus de Granny Smith et laitue ... 55
Cocktail d'endive, pomme et carottes ... 72
Jus d'asperges et Granny Smith ... 34
Jus de chou blanc, pomme et carotte ... 68
Jus de chou romanesco, panais, pomme et carotte ... 79
Jus de chou rouge, pommes et gingembre ... 88
Jus de chou-fleur, pommes et curcuma ... 70
Jus de pommes et radis noir ... 76
Jus de pommes, cannerberges et gingembre ... 46
Jus de radis noir et betterave ... 82
Jus de radis, chou rouge et pomme ... 86
Jus printanier de petits pois, fenouil et menthe ... 24
Jus vitaminé d'agrumes, pomme et carotte ... 74
Lait de mûres poivré ... 26
Soda aux groseilles et pommes ... 14

Potimarron
Velouté de potimarron aux fruits séchés ... 91

Radis
Jus de pommes et radis noir ... 76
Jus de radis noir et betterave ... 82
Jus de radis roses et betterave ... 80
Jus de radis, chou rouge et pomme ... 86

Raifort
Jus de tomates, carottes et poivron au raifort ... 31

Raisin
Jus de figues et raisin ... 45
Jus de raisin, gingembre et vanille ... 44

Rhubarbe
Jus de rhubarbe, orange et basilic ... 16

Roquette
Jus de roquette, petits pois et céleri ... 40

Sirop d'agave
Jus de kiwis, citron et thé vert ... 50

Thé
Cocktail de fruits rouges au thé vert ... 18
Jus de fraises au thé matcha ... 6
Jus de grenade, pamplemousse et thé vert ... 51
Jus de kiwis, citron et thé vert ... 50
Jus de melon, concombre, gingembre et thé vert ... 20

Tomate
Jus de tomates et carottes ... 28
Jus de tomates, carottes et poivron au raifort ... 31

Direction de la publication
Isabelle Jeuge-Maynart et Ghislaine Stora

Direction éditoriale
Émilie Franc

Édition
Maud Rogers, Marion Dellapina et Alice Delbarre

Conception graphique et mise en page
Agnès Cappadoro

Couverture
Véronique Laporte-Bouchereau

Fabrication
Donia Faiz

Crédits des recettes
Clémence Roquefort : p. 6, 10, 12, 16, 18, 22, 24, 28, 32, 36, 38, 46, 48, 52, 56, 58, 62, 64, 68, 70, 74, 76, 80, 82, 86, 88, 90, 92 ; **Julie Soucail** : p. 8, 9, 14, 15, 20, 21, 26, 27, 30, 31, 34, 35, 40, 41, 50, 51, 54, 55, 60, 61, 66, 67, 78, 79, 84, 85.

Crédits des photographies
© **Larousse, Charly Deslandes** : p. 7, 9, 13, 17, 19, 23, 25, 29, 33, 37, 39, 43, 47, 49, 53, 57, 59, 63, 65, 69, 71, 75, 77, 81, 83, 87, 89, 93

Les Éditions Larousse utilisent des papiers composés de fibres naturelles, renouvelables, recyclables et fabriquées à partir de bois issus de forêts qui adoptent un système d'aménagement durable. En outre, les Éditions Larousse attendent de leurs fournisseurs de papier qu'ils s'inscrivent dans une démarche de certification environnementale reconnue.

ISBN : 978-2-03-597238-5
Imprimé en Slovaquie par Polygraf print
Dépôt légal : avril 2019
323141/01 - 11040272 - janvier 2019

PAPIER À BASE DE FIBRES CERTIFIÉES

LAROUSSE s'engage pour l'environnement en réduisant l'empreinte carbone de ses livres. Celle de cet exemplaire est de : 650 g éq. CO_2
Rendez-vous sur www.larousse-durable.fr